Un homme du monde

Annie Payson Appel

Writat

Cette édition parue en 2023

ISBN : 9789359254319

Publié par
Writat
email : info@writat.com

Selon les informations que nous détenons, ce livre est dans le domaine public.
Ce livre est la reproduction d'un ouvrage historique important. Alpha Editions
utilise la meilleure technologie pour reproduire un travail historique de la même
manière qu'il a été publié pour la première fois afin de préserver son caractère
original. Toute marque ou numéro vu est laissé intentionnellement pour préserver
sa vraie forme.

UN HOMME DU MONDE
Par Annie Payson Call

je

IL y a deux mondes dans l'esprit des hommes : l'un est artificiel, égoïste et personnel, l'autre est réel et universel ; l'un est limité, matériel, essentiellement terrestre, l'autre suppose une sorte de cosmopolitisme plus vaste et n'a aucune limite géographique ; elle est aussi vaste que l'humanité elle-même et n'est limitée que par la capacité d'expérience, de perspicacité et de sympathie de l'esprit et du cœur de l'homme. Un véritable homme du monde n'en est donc pas originaire : un véritable homme du monde doit connaître et comprendre le monde ; et pour ce faire, il doit pouvoir à tout moment relativiser.

Charles Dickens dit que par un homme qui connaît le monde, on entend trop souvent « un homme qui connaît tous les méchants qui s'y trouvent ». Il est bien entendu également entendu par ces messieurs qu'un homme qui connaît le monde connaît toutes ses mœurs et ses coutumes et peut s'y adapter facilement et entièrement, où qu'il se trouve. Mais cet aspect extérieur n'exclut pas l'idée, même parmi les hommes soi-disant bien élevés, qu'un homme qui connaît le monde connaît tous les méchants qui s'y trouvent, et qu'un tel homme peut être plus ou moins un méchant lui-même, pourvu qu'il a l'intelligence et l'ingéniosité pour cacher sa méchanceté. Dans une certaine mesure, l'apparence de la vertu a toujours été plus ou moins une nécessité dans le monde, mais les normes morales dans la vie sociale, professionnelle et commerciale sont incohérentes et mélangées. Même sur l'essentiel, les normes les plus élevées sont souvent modifiées pour s'adapter aux préférences de la majorité. Il n'est pas toujours considéré comme déshonorant de la part d'un homme de tricher dans les affaires, pour autant que cette tricherie se fasse sans interférer en aucune façon avec les coutumes générales du monde des affaires.

Quand nous disons qu'un homme du monde est généralement compris comme un homme qui « connaît tous les méchants qui s'y trouvent », cela semble à première vue une affirmation extrême, mais dans l'état actuel du monde, cela représente certainement la tendance générale de la pensée. . La distinction est trop rarement faite entre un homme du monde et un homme du monde, entre un homme qui connaît réellement le monde tel qu'il est et un homme dont la familiarité avec lui est étroite et sordide. Lorsque les gens parlent de « voir la vie », ils pensent rarement à en voir le meilleur.

La même tendance à la perversion, considérée comme la phase la plus intéressante de la vie, se retrouve chez les médecins et les infirmières qualifiées. Un bon médecin m'a dit un jour, avec une indignation douloureuse, que ses étudiants parcouraient des kilomètres pour constater une croissance anormale d'une tumeur, mais qu'aucun d'entre eux ne se retournerait pour profiter du mécanisme d'un cœur sain. Et c'est un fait bien connu que de nombreuses infirmières qualifiées se désintéressent d'un cas dès que le patient commence à se rétablir. « Un cas magnifique de fièvre typhoïde » n'est pas un cas dans lequel le patient se débarrasse des effets du germe avec une promptitude salutaire, mais un cas dans lequel le germe fait le pire , où la maladie est extrême et le délire. passionnant. Certes, dans un tel cas, il existe un intérêt intense à prendre tous les moyens possibles, avec rapidité et décision, pour sauver la vie du patient ; mais si cela était fait seulement avec un vif amour du bien-être et d'une santé normale, l'intérêt des infirmières et des médecins ne diminuerait jamais jusqu'à ce que le patient soit devenu fort et vigoureux. Si le niveau de santé physique le plus élevé était constamment sous les yeux du médecin et de l'infirmière, et si tous deux avaient un fort désir d'amener le patient, autant que possible, à atteindre leur propre niveau de santé élevé, il y aurait un très grand différence dans l'atmosphère des chambres de malades et des hôpitaux. Le travail des médecins et des infirmières semble être plus souvent celui de la protection contre la maladie que celui de la santé ; et la distinction, si à première vue elle semble belle, n'en est pas moins radicale.

Notez le parallèle entre cette tendance négative à la santé du corps et la même tendance négative du monde à la santé de l'âme. C'est la protection contre les pires ravages du péché qui est le but moral de la majorité du monde ; il ne s'agit pas d'un effort vers un niveau positif de vie saine pour l'âme et le corps. Qu'est-ce que le péché sinon la maladie de l'âme ? Le péché est tout aussi véritablement et pratiquement une maladie de l'âme que toute forme de maladie connue est une maladie du corps. Si nous pouvions nous convaincre fortement du fait que le péché est une maladie, un désordre et une anomalie, ce serait un pas radical vers la libération du péché. Par péché, on entend toute sorte d' égoïsme, quelle que soit sa forme.

Un jeune ami, parlant d'un compagnon charmant par ses paroles et ses manières et très attirant par son tempérament artistique, mais visiblement lâche dans ses idées morales, exprima un jour l'opinion qu'il était « bien » de s'associer avec cet homme charmant. , — jouissant de tout ce qu'il y avait de délicieux en lui et ignorant, autant que possible, tout ce qui était évidemment mauvais.

"Pourriez-vous ignorer les ongles sales, les oreilles sales et la mauvaise odeur de votre compagnon ?" » quelqu'un a demandé.

Alors le jeune homme s'écria avec une expression de dégoût suprême : « Comment pouvez-vous parler de telles choses ? Bien sûr, je ne pourrais pas rester cinq minutes avec lui !

Mais il n'associait pas du tout la façon lâche, légère et impure de considérer les relations humaines avec la même impureté insouciante appliquée au corps. Et pourtant, en réalité, une sorte d'impureté correspond précisément à l'autre. Dans le premier cas, la saleté est à l'intérieur et est ce que nous pouvons appeler de la saleté vivante, car elle est maintenue en vie par l'âme à laquelle on lui permet de s'accrocher. Dans l'autre cas, la saleté se trouve à l'extérieur et peut être lavée à l'eau et au savon. Très peu de soi-disant hommes ou femmes du monde sont prêts à paraître sales et négligés dans leur corps, mais un grand nombre sont prêts à être sales et négligés dans leur âme. Il est curieux et significatif que souvent, lorsque les nerfs d'un homme cèdent, même lorsque ses habitudes extérieures ont été très propres, ou même fastidieuses, elles peuvent changer complètement, et il peut se promener avec des vêtements tachés, des mains sales et des vêtements tachés. une apparence générale négligée, alors qu'une telle inertie extérieure lui aurait été impossible alors que ses nerfs étaient relativement sains et forts.

Lorsque les nerfs d'un tel homme cèdent, de sorte qu'il perd dans une certaine mesure l'usage extérieur de sa volonté, les sales habitudes de son esprit se transforment en habitudes négligées et sales du corps, parce qu'il n'a plus la volonté de les confiner à ses pensées et sentiments privés. Les habitudes de son corps deviennent alors une véritable expression de son état d'esprit.

Nous pouvons prouver la relation entre le péché et la maladie en remontant ce que l'on pourrait appeler un péché léger jusqu'à son extrême logique. De même que nous pouvons suivre presque n'importe quelle maladie dans son développement, jusqu'à ce qu'elle entraîne la mort du corps, si le corps n'est pas protégé contre sa croissance, de même nous pouvons suivre n'importe quel péché dans son développement jusqu'à la mort de l'âme, si l'âme n'est pas protégé de la même manière. Tout péché, lorsqu'on le laisse croître selon ses propres lois, est la destruction de l'âme et du corps.

L'esprit de Macbeth devint malade ; et nous pouvons trouver de nombreux Iago dans nos asiles d'aliénés aujourd'hui, car, malgré toute son intelligence, aucun Iago ne peut, à long terme, garder le contrôle de son esprit si ses plans égoïstes sont contrecarrés. Les maladies répugnantes du corps qui sont susceptibles d'atteindre un Don Juan ne peuvent être évoquées ou envisagées que comme un moyen de lever la cécité de ceux qui, en s'attardant sur les sensations du corps, en viennent à considérer le péché comme un péché. agréable. Lorsque leur cécité sera levée, le moindre contact de la sensualité qui cause la maladie les remplira d'une saine horreur. Il est merveilleusement prévu par le Créateur que toute sensation à laquelle on se livre égoïstement, toute sensation dans laquelle un homme demeure pour elle-même, doit conduire d'abord à la satiété, et ensuite à pire que la satiété et la mort. Cela est vrai aussi bien de toutes les sensations égoïstes du corps que de toutes les émotions inutiles de l'esprit. Nos sensations et nos émotions doivent être les serviteurs obéissants d'un amour sain et vigoureux de l'utilité, sinon elles deviennent des maîtres infernaux dont la domination ne mène qu'à la faiblesse et à la mort.

Le vieil ascèse, la stupidité spirituelle des temps primitifs, plaçait le monde, la chair et le diable sur un plan d'égalité, alors que le monde et la chair sont capables de nobles usages, mais pas le diable. Le monde et la chair sont des serviteurs et de bons serviteurs ; ce sont des instruments nécessaires à la réalisation du dessein divin dans la vie humaine. Mais le diable n'est que la perversion des bonnes choses à des fins inutiles, insignifiantes et dégradantes. Il n'a aucun pouvoir en lui-même, sauf dans la mesure où nous lui donnons du pouvoir, et nous lui donnons du pouvoir chaque jour lorsque nous associons l'idée du monde à celle des méchants qui s'y trouvent, et lorsque nous avilissons la chair en ne réalisant pas le service pur et bon. auquel il est destiné. En fait, nous nourrissons réellement le diable dans la mesure où nos normes de vie sont négatives et non positives, dans la mesure où nous sommes uniquement occupés à nous protéger du pire péché ou de la pire maladie, au lieu de chasser *tout péché et toute sorte de péché*. *maladies* aussi vite que nous les percevons en nous-mêmes et en travaillant vers le niveau le plus élevé possible de vie saine pour le corps et l'esprit. « *Regarder vers le Seigneur et fuir les maux comme des péchés* », signifie s'en tenir au modèle de santé que le Seigneur nous a donné pour le corps et l'âme, afin qu'il devienne de plus en plus clair à mesure que nous l'appliquons à la vie avec une force persistante. . Nos normes de vie actuelles sont déformées. L'anormal nous est devenu si familier qu'il semble normal. La joie et le pouvoir vivifiant de l'air frais pour l'âme et le corps nous sont trop peu connus. Un monde parfaitement sain, avec des habitudes saines d'esprit et de corps, est presque hors de notre portée. Les normes inférieures sont devenues trop généralement une évidence, c'est pourquoi nous ne pensons pas à une virilité courageuse et saine lorsque nous utilisons l'expression « un homme du monde ».

C'est un fait certain qu'aucun homme ne peut comprendre et vivre ce qui est bon et sain, *de son propre gré* , sans avoir eu des tentations, et fortes, vers ce qui est mal et malsain. Ainsi, la connaissance du mal dans le monde élargit l'expérience de l'homme dans la mesure où il utilise cette connaissance pour le conduire au bien opposé. La connaissance du mal déforme le caractère d'un homme, aussi vaste que soit son expérience, dans la mesure même où il cède au mal et lui permet de devenir une partie de lui-même.

"Et vous connaîtrez la vérité et la vérité vous rendra libres." La vérité qui nous rend libres est la vérité sur nous-mêmes, la vérité sur le mal, la vérité sur tout, et notre liberté est pleine et étendue dans la mesure où nous reconnaissons, reconnaissons et vivons selon la vérité, à la fois en général et en détail.

II

" JE SUIS un homme et rien d'humain ne me semble étranger", disait Terence il y a deux mille ans.

Un homme qui connaît parfaitement le monde doit être capable de comprendre toutes les phases de la vie, et pas seulement celles de son propre pays, de sa classe sociale, de sa profession ou de sa secte. C'est l'humanité dans toutes ses phases qu'il aime et comprend, et non la phase elle-même ; et donc rien de ce qui est humain ne peut être si éloigné qu'il soit inintelligible à son esprit ou sans le pouvoir de faire appel à son cœur. Iago n'a jamais pu comprendre l'honnêteté ou la générosité. Don Juan n'a jamais pu comprendre la chasteté. D'un autre côté, il est possible à un honnête homme de comprendre Iago, et à un homme pur de comprendre Don Juan. Bien que dans aucun des cas l'homme qui comprend ne sympathise avec le péché, dans les deux cas, la compréhension sera claire et complète. Un enfant ne peut comprendre ni Iago ni Don Juan, un homme enfantin non plus ; mais un homme véritablement *enfantin* peut comprendre toutes les phases de la tentation et du péché et les estimer avec justesse.

Il y a l'innocence de l'ignorance et il y a l'innocence de la sagesse. L'innocence de l'ignorance est involontaire. C'est l'innocence parce qu'il ne peut en être autrement. Un petit enfant est dans l'innocence de l'ignorance, et c'est à partir de cette innocence protectrice que nous ressentons l'atmosphère fraîche et heureuse de l'enfance. L'innocence de la sagesse n'est possible qu'à ceux qui ont connu la tentation et, en la surmontant, ont appris à reconnaître tout péché pour ce qu'il est réellement : la saleté et la maladie de l'âme, et à l'éviter en tant que tels. La nouvelle vie qui naît d'une telle lutte et de la conquête de tendances égoïstes apporte avec elle une vigueur d'innocence qui a une qualité de vie semblable à celle d'un enfant en bonne santé, avec en plus la puissance et la perspicacité de la maturité d'un homme. Quelle que soit la forme ou la phase de tentation dans laquelle se trouvent ses semblables, un tel homme, à partir de sa propre expérience, a trouvé le moyen de les comprendre. Il a trouvé le moyen de comprendre son prochain, que celui-ci soit plongé dans l'autosatisfaction, qu'il lutte désespérément pour gagner sa liberté ou qu'il soit bien avancé sur le chemin de l'ascension.

Un homme qui ne peut comprendre que certaines phases spéciales de la nature humaine est étroit et provincial, même s'il prend l'air d'un homme du monde ; et la fausse supposition d'une compréhension large le rend pratiquement encore plus étroit et provincial, car cela fait obstacle à son apprentissage auprès de ceux qui ont le pouvoir de l'instruire. Mais le véritable homme du monde, dont l'étendue de la vision et la pénétration de la perspicacité sont le résultat d'une familiarité pratique avec les principes universels dans la vie pratique, déteste le péché sans condamner le pécheur, et ne se laisse pas tromper par les prétentions superficielles du pharisien provincial.

Pour connaître le monde, nous devons non seulement être capables d'en comprendre toutes les phases en général, mais nous devons également en comprendre les différents types en particulier. Il y a des nations, il y a des degrés et des phases de vie dans chaque nation, et il y a des individus dans chaque phase. Il y a une différence aussi grande entre les individus d'une petite communauté de personnes, si l'on a l'œil pour la détecter, qu'il y en a entre les nations.

Je me souviens avoir discuté une fois avec un anthropologue célèbre. Tous les hommes n'étaient pour lui que de simples représentations d'âges, de nations ou de familles. Aucun homme n'était un homme en soi ; il n'était qu'un spécimen. Cela donnait à une petite personne ordinaire un sens très aigu de l'immensité de l'humanité en général, passée et présente, d'entendre cet homme scientifique parler. Il avait l'habitude d'impliquer toutes les nations du monde dans sa conversation aussi facilement que s'il vivait avec elles chaque jour, comme il le faisait réellement dans sa pensée habituelle. Chaque fois que je lui parlais d'un ami ou d'un parent , il le caractérisait par sa tendance nationale et familiale. Parler avec le professeur pendant une heure ou deux était très instructif et enrichissant ; mais une longue connaissance prouva qu'un homme, même dans le domaine des grandes idées anthropologiques et géographiques, pouvait être aussi étroit et provincial que le censeur moral autoproclamé d'une ville de campagne. Le corps humain et l'esprit humain, en général, semblaient avoir une grande importance pour lui, mais l'homme en tant qu'âme individuelle ne signifiait rien du tout.

Certains des plus grands diplomates, qui se sont révélés intelligents dans leurs relations avec les nations, ont été extrêmement limités lorsque leur vie les a éloignés de l'ornière de leur propre travail immédiat. Les hommes d'État qui ont agi intelligemment avec les nations ont commis de tristes erreurs dans leurs relations avec des hommes individuels, et ont parfois commis des erreurs lorsque leurs erreurs risquaient de se répercuter sur leur influence nationale. Et pourtant, ils étaient si établis dans l'ornière égoïste de leur diplomatie nationale, si provinciaux dans leur connaissance de la nature humaine individuelle, qu'ils continuèrent à commettre des erreurs, jusqu'à ce que leurs erreurs les conduisent à maintes reprises presque, sinon tout à fait, au désastre national. . Les meilleurs avocats savent que pour accomplir véritablement leur travail, ils doivent être capables de juger des cas particuliers et des circonstances particulières selon des normes qui, pour la majorité des esprits, n'existent pas. Faute d'une compréhension aussi claire de la nature humaine qui vient d'un instinct originel de vérité elle-même, par opposition à l'application tranchée des habitudes conventionnelles, les juristes ont souvent échoué.

Les normes conventionnelles sont les normes communes de la majorité ; mais, bien qu'ils soient peut-être plus utiles que tous les autres dans la réalisation de succès banals, ils sont invariablement inadéquats sur un plan vraiment élevé et simple de l'effort humain. Il est rare de trouver un homme actif engagé dans les affaires du monde qui reconnaît les lois du simple altruisme et de la vérité comme ayant une existence pratique dans les affaires humaines ; mais il est encore plus rare de trouver un tel homme comprenant la véritable relation entre la bonté essentielle et les principes conventionnels de la morale. Il y a des moments où ceux qui agissent selon des normes plus élevées doivent paraître en contradiction totale avec tous les modes de vie conventionnels, mais ils ne s'opposent pas nécessairement à ces conventions, car grâce à une adhésion courageuse à l'esprit de la loi, ils finissent par apporter une nouvelle vie à sa lettre. Le véritable homme du monde est celui qui peut exprimer sa bonté et sa vérité essentielles de manière sage et appropriée, et dans des termes qui doivent être, à long terme, intelligibles à toutes sortes d'hommes.

Lorsque Jésus-Christ a guéri un homme le jour du sabbat, non seulement il a ignoré les normes conventionnelles de sa nation, mais il a également semblé désobéir à l'un des commandements fondamentaux de la loi. Les pharisiens et tous ceux qui l'entouraient et qui se tenaient bien aux yeux du monde étaient furieux et indignés. Il n'est pas difficile d'imaginer, une fois tout cela terminé, une âme bonne et conventionnelle venant au Seigneur et lui demandant pourquoi il n'avait pas attendu le lendemain avant de réaliser son intention ; et le mécontentement des Pharisiens aurait été évité. « N'aurait-il pas été plus charitable de respecter les scrupules religieux des Juifs ? N'est-il pas mal de voler inutilement à l'encontre d'une opinion publique respectable ? N'était-il pas imprudent de violer inutilement la lettre du commandement, même en gardant son esprit ? ?" Une âme incrédule, désireuse de croire à la bonté du Seigneur et à la pureté de ses motivations, aurait très bien pu lui poser toutes ces questions avec un désir sincère et consciencieux de le servir. Et pourtant, ce sceptique, malgré toute sa bonté consciencieuse, aurait été aveugle et stupide. Car seuls les bien-pensants ou les moralement stupides pourraient ne pas comprendre qu'en guérissant un malade le jour du sabbat, notre Seigneur établissait un nouveau précédent d'obéissance plus vraie et plus profonde pour toute l'humanité. Les Pharisiens étaient convaincus de leur propre bonté ; il ne leur serait pas venu à l'esprit qu'ils étaient étroits, provinciaux et bien-pensants. Ils n'auraient pas admis un seul instant la possibilité de circonstances dans lesquelles il pourrait être juste d'effectuer une guérison radicale le jour du sabbat ; et ils se persuadèrent qu'ils « rendaient service à Dieu » en soumettant à une exécution ignominieuse l'homme qui avait tant éveillé tout leur antagonisme personnel et égoïste. Les Pharisiens étaient désespérément incapables de Le comprendre, mais c'était à cause de leur propre aveuglement. En posant le principe selon lequel le sabbat a été fait pour l'homme et non l'homme pour le sabbat, notre Seigneur exprimait une vérité éternelle, non seulement au monde de son temps mais au monde de tous les âges.

Associer l'idée d'un homme du monde à la seule connaissance de ses lieux sombres et de ses formes superficielles tend à rabaisser et à dégrader notre conception du monde ; tandis que le monde, loin d'être seulement sombre ou superficiel, mérite d'être connu et servi, pourvu qu'il soit fait pour servir, à son tour, tout ce qu'il y a de vigoureux et de sain dans l'homme. Nous devrions reconnaître la beauté et la puissance des choses de ce monde en tant que serviteurs de notre loi la plus élevée ; c'est seulement à la perversion de ces choses qu'il faut renoncer.

Le véritable homme du monde comprend la nature humaine perverse, depuis le gourmand jusqu'au plus vif et politiquement avisé ; c'est un homme qui ne se laisse jamais tromper par les apparences et qui voit le caractère réel sous son aspect extérieur ; un homme qui, avec sa compréhension plus claire, prend chaque perversion à sa juste valeur, comprend aussi bien les Iago que les Don Juan, sans le moindre goût pour l'un ou l'autre. Pour lui, ce sont toutes des formes de maladie. Il peut retracer la méchanceté de Iago jusqu'à sa propre destruction et la sensualité de Don Juan jusqu'à sa satiété pire que la satiété.

Encore une fois, un véritable homme du monde est un homme qui connaît, aime et fait partie de toute la salubrité du monde ; un homme qui se sent rapidement à l'aise dans toutes les formes de bonne forme, parce que les instincts d'un gentleman sont les mêmes partout dans le monde, bien que les coutumes puissent être entièrement différentes ; un homme qui, tout en étant habitué à toutes les conventions et les respectant là où elles appartiennent, se sent facilement et heureusement chez lui sans elles ; un homme qui, tout en préférant les beaux instincts ainsi que les caractères forts chez ses semblables, est si attentif au meilleur de la nature humaine qu'il peut trouver le fil d'or n'importe où dans la cire, s'il y a là un fil d'or ; un homme dont les pensées sont tellement à l'aise dans l'air frais qu'il détecte immédiatement une atmosphère fermée ou contaminée, mais peut garder pour lui la sensation désagréable ; qui n'impose jamais son amour du grand air aux autres, mais qui, étant lui-même entouré, en profite habituellement et naturellement. Un tel homme ne peut jamais être pris au dépourvu ; c'est un gentleman en toutes circonstances, car il ne peut être autre que lui-même, et il ne paraît jamais ce qu'il n'est pas.

Un véritable homme du monde n'est pas essentiellement du monde, bien qu'il serve le monde et soit servi par lui ; c'est pour lui toujours un moyen en vue d'un but supérieur, jamais une fin en soi. C'est aux vrais hommes du monde que le Seigneur a parlé lorsqu'il a dit : « Je ne prie pas que tu les retires du monde, mais que tu les préserves du mal ! »

III

DU point de vue du bien, nous pouvons voir et comprendre le mal, mais du point de vue du mal, nous ne pouvons ni voir ni comprendre la vraie bonté. Pour comprendre le monde, un homme doit être en train de se libérer de ses maux. Il doit apprendre à vivre selon des normes universelles et intérieures, et non selon les normes d'une époque particulière ou des personnes qui se trouvent autour de lui ; et, ce faisant, il apprendra que la fidélité à sa propre perception sincère de la vérité universelle le mènera finalement à une véritable harmonie avec le meilleur des autres. Nous ne connaissons qu'un seul homme dans l'histoire du monde qui a vécu toute sa vie d'une manière conforme à ses normes les plus élevées.

Le monde est une grande école bien entretenue. Personne qui croit en l'immortalité ne peut douter que le court laps de temps que nous passons ici est destiné à la formation, à la formation pour nous préparer à notre travail futur, quel qu'il soit, en faisant bien notre travail ici. Si nous partons de la conviction que le monde est une école et que nous ne voulons pas rester dans la classe primaire, mais que nous voulons terminer toutes les classes et obtenir un diplôme honorable, si cette conviction est forte dans notre esprit , il est étonnant de réaliser quel nouvel aspect la vie aura pour nous. En général et dans les moindres détails, la vie sera pleine d'intérêt vivant. Aucun problème ne sera trop difficile à supporter ; il n'y aura aucune circonstance que nous fuirions. Nous voudrons apprendre toutes nos leçons, réussir tous nos examens et obtenir la puissance vivante pour l'utiliser pour les autres, ce qui est le résultat logique.

Pour aimer son prochain comme lui-même, un homme doit être capable de vraiment sympathiser avec son prochain et de voir à travers les yeux de son prochain. Je ne veux pas dire par là que le point de vue du voisin doit être le sien, mais qu'il doit pouvoir le comprendre comme s'il était le sien. Si un homme fait cela, il peut comprendre beaucoup plus clairement ce qui est mal ou bien ; et peut, lorsque cela est opportun, modifier son propre point de vue en fonction de celui de son voisin. On peut facilement reconnaître l'avantage qu'il y a pour un médecin, un avocat, un ministre ou un homme d'affaires, de pouvoir et de vouloir toujours saisir le point de vue des autres. Un médecin décide de la meilleure conduite à adopter à l'égard de son patient. Le patient lui raconte une longue histoire décrivant son propre état d'esprit, qui semble au médecin, d'après sa propre expérience, tout à fait ridicule. S'il exclut toute appréciation du point de vue de son patient et s'en tient durement à ses propres idées, il perd le moyen le plus important pour réaliser une guérison parfaite. S'il écoute attentivement et s'efforce sincèrement d'apprécier ce qui peut être bon dans les idées de son patient, de manière à ce que celui-ci ressente sa sympathie, une opportunité s'ouvre alors pour amener progressivement le patient au bon sens. Dans la mesure où le médecin ferme son esprit au point de vue de son patient, dans la mesure où il est étroit et dépourvu du véritable esprit d'un homme du monde.

Un bon avocat lucide doit comprendre non seulement le point de vue de son client, mais aussi celui de son adversaire. Un homme ne peut jamais perdre son propre terrain en « se jetant véritablement du côté de son antagoniste ». Une lucidité globale est une nécessité pour la meilleure croissance en nous des vrais principes. Lorsque l'œil d'un homme est simple, tout son corps est rempli de lumière, et cette lumière pénètre au loin et le long de tout l'horizon, et montre les caractères, les affaires et les circonstances tels qu'ils sont réellement. Mais l'œil d'aucun homme ne peut être unique s'il n'a pas une vision claire et sans préjugés de ses semblables dans toutes les phases et variétés de la vie. Le très grand nombre et la grande variété de personnes qui viennent régulièrement demander de l'aide à un médecin ou à un ministre reçoivent la plus grande aide lorsque le médecin ou le ministre comprend le monde sans préjugés. Une compréhension tranquille de la nature humaine et une manière courageuse et douce de traiter les autres sont l'une des plus grandes bénédictions qui puissent arriver à tout homme.

Il est absolument impossible de se débarrasser des préjugés sans en même temps se libérer de l'amour-propre. Si un homme a des préjugés favorables dans une certaine direction, c'est parce qu'il y a quelque chose dans la direction opposée qui offense son égoïsme. Pour se libérer des préjugés, il doit voir et reconnaître sincèrement l'égoïsme en lui qui en est la racine. C'est souvent une chose difficile à faire, car un préjugé peut nous être venu par l'égoïsme égoïste d'un ancêtre lointain et peut s'être enraciné dans notre propre personnalité avant que nous ayons réalisé sa véritable nature.

Pour être un homme du monde, il faut être capable de comprendre le monde, non pas trois ou quatre coins, mais la totalité. Cette expansion de l'esprit et de l'âme est possible à tout homme qui veut d'abord se comprendre lui-même, et aucun homme ne peut se comprendre s'il se livre aveuglément à son propre égoïsme. Chaque jour, nous voyons des gens qui vivent et agissent dans le plus gros égoïsme et ils ne le savent pas. Ces personnes effraient parfois ceux qui les observent.

« Si John Smith, me dis-je, est la bête humaine que je vois, et je ne le sais pas, peut-être que je suis inconsciemment aussi brutal que John, et je ne le sais pas ; et si je le suis, je me dis : comment puis-je le savoir ? »

Nous devons avoir l'habitude de retirer d'abord la poutre de notre propre œil, avant de pouvoir être prêts à aider à retirer la paille de l'œil de notre frère ; et la seule façon possible d'être sûr de s'en rendre compte, c'est d'être tranquillement, volontairement, ouvert à la critique ; accepter chaque critique, non pas avec le désir de donner raison, mais avec un désir sincère de découvrir la vérité et d'agir en conséquence. Je ne veux pas nécessairement inviter la critique – elle viendra assez vite sans invitation – mais l'accueillir lorsqu'elle apparaît et essayer immédiatement de nous voir avec les yeux de nos critiques.

Le chemin à parcourir est si simple et direct lorsque nous voulons sincèrement devenir de vrais hommes du monde, que l'expansion du cœur et de l'esprit résultant d'une marche régulière sur ce chemin doit paraître impossible aux hommes du monde. Et pourtant, l'étroitesse des hommes du monde est, dans son essence, semblable à l'étroitesse des habitants d'une petite ville de campagne bavarde. Les hommes du monde ont une connaissance plus superficielle que les habitants des villes rurales, mais ils n'ont pas nécessairement une meilleure compréhension des principes mondiaux de la nature humaine. La mondanité est l'amour de la facilité et la fierté de vivre sur un plan bas d'existence banale, mais une véritable connaissance du monde nécessite une élévation plus élevée.

L'ascension de sentiers étroits et de pentes abruptes mène au sommet de la montagne ; de là, la perspective est large, et les hauteurs et les profondeurs du paysage prennent leur place dans leur véritable relation les unes avec les autres. La corvée et le labeur déterminés qui produisent le caractère conduisent également à la sagesse du voyant. Ce n'est que du point de vue de l'amour désintéressé et de la vérité que nous pouvons avoir une vision équilibrée et étendue des hauteurs, des profondeurs et des lieux communs du monde.

Nous avons vu qu'un homme, pour connaître le monde, doit connaître et comprendre ses individus et ses types. Nous avons vu qu'il est hors de question de comprendre les autres tant que nous sommes obstrués par notre propre égoïsme ou nos préjugés. Nous savons que, pour comprendre le point de vue d'une autre personne, nous devons être clairs, ouverts d'esprit et bien ancrés dans les vrais principes. Nous ne pouvons pas vraiment comprendre le point de vue d'une autre personne lorsque nous sommes influencés et aveuglés par son influence, au point qu'elle nous emporte et s'empare de nous malgré nous. Nous devons avoir de véritables normes selon lesquelles juger les autres, et celles-ci doivent être des normes que nous avons essayées et prouvées, à maintes reprises, par nous-mêmes.

L'étude de caractère la plus intéressante et la plus profitable au monde est à la fois la vie d'un homme dont la vie a été constamment fidèle à un modèle qui était universellement vrai et qui lui était propre, et à ce modèle qu'Il nous a donné pour le nôtre. Beaucoup d'entre nous échouent dans notre interprétation, mais, si nous travaillons avec diligence pour l'essayer et le prouver, et si nous sommes ouvertement disposés et heureux de reconnaître chaque fois que nous l'avons mal interprété, nous serons progressivement éclairés quant à sa véritable signification.

Le plaisir d'appliquer les lois de la science et de les voir fonctionner, la joie positive de constater le résultat certain d'une expérience scientifique bien dirigée sont connus de nombreux chimistes ou électriciens. Mais la joie de tester le fonctionnement pratique des lois spirituelles devrait être plus profonde, plus calme et plus étendue que tous les autres délices ; car la loi spirituelle, si elle existe, doit être à la base de toute loi matérielle.

De même que nos problèmes en chimie ou en physique doivent échouer encore et encore avant que nous ayons la tranquille satisfaction de les voir fonctionner, de même devons-nous passer par une épreuve après l'autre avant de pouvoir être fermement établis dans toutes les lois des relations humaines.

Le modèle de caractère et de vie représenté par l'idée de l'homme du monde a été éclipsé par une notion superficielle de la signification du « monde ». « Le monde » signifie beaucoup de choses pour beaucoup d'hommes, et ces différentes significations sont à divers degrés de vérité et de mensonge ; mais nous verrons que, d'une manière générale, elles sont de plus en plus vraies à mesure que les gens qui les détiennent ont un caractère vigoureux. Dans l'art et la littérature , nous savons que la plus grande vérité et la beauté la plus profonde est celle qui séduit à tout moment tous les hommes. Cela fait appel au cœur et à l'esprit humains universels, et il est donc inconcevable que la race humaine se lasse un jour de Shakespeare , de Dante ou de la Bible. De tels livres, quelles que soient les opinions ou croyances personnelles que nous puissions y attacher, sont universellement acceptables par tous les hommes, car ils font appel à l'expérience humaine commune et appliquent les principes d'une logique humaine irrésistible. Ce sont les livres du monde.

Le monde lui-même est un organisme correspondant à celui de l'homme individuel, et l'individu particulier dont le cœur et l'esprit vit et pense le plus en harmonie avec la meilleure vie et la meilleure pensée du monde est son véritable citoyen. D'un autre côté, l'individu dont les motivations et les intérêts dans la vie se limitent au cercle le plus étroit de l'expérience représente le type extrême de provincialisme. La différence entre ces deux extrêmes n'est pas une question d'expérience longue, variée ou conventionnelle, mais d'expérience dans les éléments de la nature humaine qui sont à sa racine et non à sa surface. L'homme d'État, le capitaliste, le voyageur expérimenté , bien qu'ils puissent avoir des relations sexuelles avec des hommes appartenant à des classes et à des masses nombreuses, peuvent être fondamentalement mesquins dans les fondements de leur caractère. Ce ne sont donc pas des hommes du monde au vrai sens du terme ; car, s'ils l'étaient, il faudrait entendre par « le monde » les conceptions numériques ou mécaniques des hommes, les conceptions purement intellectuelles de leurs pensées, ou les idées géographiques concernant les habitants de la surface de la terre. Aucune de ces choses n'a de qualité universelle, à moins qu'elle ne soit unie à la puissance du caractère humain et de la passion, qui pèsent sur tous les hommes, à tout moment et en tout lieu. L'habitant d'un village de campagne peut être, selon sa qualité, soit un homme du village, soit un homme du monde. Cela dépend de sa largeur d'esprit, de sa grandeur de cœur et de la profondeur avec laquelle son caractère absorbera les meilleurs résultats de son expérience. Tout ce qui est purement local, sans être enraciné dans un besoin humain général, ce qui est purement personnel, sans être fondé sur un principe humain universel, tout ce qui est purement sectaire ou national, ou appartenant à une classe ou une clique particulière de personnes, sans être fondé sur un principe humain universel. enracinée dans les mêmes intérêts humains généraux et dans les mêmes lois, doit, dans cette mesure, être mesquine, provinciale, insignifiante et relativement inutile. Le caractère est, et a toujours été, la force motrice du monde ; et ce n'est qu'en trouvant son propre développement de caractère au service du monde que l'individu peut trouver la place qui lui est assignée en tant que citoyen du monde. Il n'existe pas de loi supérieure à celle qui est humaine, dans le sens où elle est le seul guide pour la croissance de ce qu'il y a de meilleur dans la vie humaine. Cette loi humaine essentielle, si différente de celle que l'intérêt mondain a organisée pour sa propre protection, est celle que l'homme tire du Divin. C'est le monde créé et soutenu par le cœur et l'esprit de Dieu dont l'homme doit être le citoyen, et ce n'est qu'en tant que tel qu'il est véritablement « un homme du monde ».

www.ingramcontent.com/pod-product-compliance
Lightning Source LLC
LaVergne TN
LVHW041817190726
843493LV00009B/2946